Karin Jäckel

Der kleine Seehund

Bilder von Angela Weinhold

Loewe

Die Deutsche Bibliothek – CIP-Einheitsaufnahme

Jäckel, Karin:
Der kleine Seehund / Karin Jäckel.
Zeichn. von Angela Weinhold.
Lateinische Schreibschrift.
1. Aufl. – Bindlach : Loewe, 1994
ISBN 3-7855-2632-6

ISBN 3-7855-2632-6 – 1. Auflage 1994
© 1994 by Loewes Verlag, Bindlach
Lateinische Schreibschrift.
Umschlagillustration: Angela Weinhold
Satz: Jung Satzcentrum GmbH, Lahnau

Inhalt

Zwillinge

Silver, die Möwe, träumte vor sich hin.
Wie schön das Meer schaukelte! Plötzlich
tauchte etwas Graues neben ihr auf und
brachte einen Schwall kalten Tiefsee-
wassers mit: ein Seehundweibchen.

„Ki – äh! Igitt!" Empört flatterte Silver
ein Stück zur Seite. „Mußt du mich so
naß spritzen?"

Doch Mollie, das Seehundweibchen,
störte sich nicht am Möwengeschrei. Sie
suchte ihre Zwillinge. Wo mochten die
Ausreißer nur stecken?

Mollie schnupperte. Schwach trug der Wind ihr die vertraute Duftspur zu. Und schon wußte Mollie, wo sie zu suchen hatte.

An Land kam Mollie nicht so rasch und elegant vorwärts wie im Meer.

Doch auch Robbie und Tobbie, die Zwillinge, hatten die Mutter entdeckt und robbten ihr glücklich entgegen.

Robbie, der größer und dicker war als sein Zwillingsbruder Tobbie, erreichte die Mutter zuerst. Er ließ sich kaum Zeit für ein Nasenküßchen zur Begrüßung, so hungrig war er. Tobbie robbte langsamer näher.

„Schneller, schneller!" drängte die Mutter. „Dein großer Bruder läßt dir sonst nichts mehr übrig."

Da bekam Tobbie Angst. Schon so oft hatte Robbie ihm nur einen Rest der

Milch zu trinken übriggelassen. Er fing
laut zu schreien an.

Seufzend rutschte die Mutter ihrem
Sorgenkind ein Stück entgegen. „Komm
schon her!" brummte sie und schob
Tobbie an ihre Brust.

Tobbie saugte so gierig, daß sogar
Silver, die Möwe, sein Schmatzen
draußen auf dem Meer hörte.

Der dicke Robbie kugelte sich inzwischen vor Behagen im warmen Sand und ließ sich die Sonne auf sein pralles Bäuchlein scheinen.

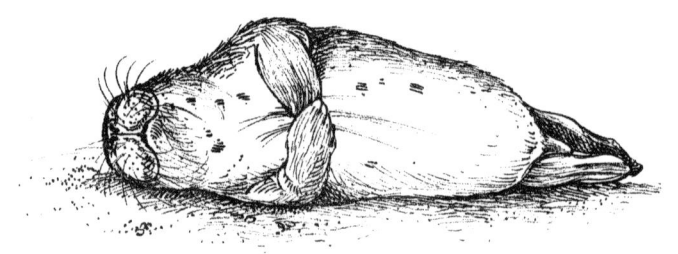

Zum ersten Mal allein

Die Sonne stand schon tief, als Tobbie
erwachte. Fröhlich schnupperte er in
Richtung Meer und stupste die Mutter
mit der Nase an.

„Wollen wir schwimmen?"

Die Mutter rollte sich nur leise
knurrend auf die andere Seite.

„Robbie!" flüsterte Tobbie nun und
stieß seinen Bruder an. „Wach auf!"

Aber auch Robbie rührte sich nicht.

Ungeduldig kratzte Tobbie sich am
Kinn. Wie das Meer glitzerte und
rauschte!

Schwimmen – etwas Schöneres konnte
Tobbie sich nicht vorstellen. Im Land war
es so schwer, vorwärts zu kommen.
Seine kurzen Vorderflossen trugen ihn
ja kaum, so daß er langsam kriechen

mußte. Aber im Wasser war alles einfach. Da hoben ihn die Wellen hoch.

„Sollen die Schlafmützen doch weiterschlafen", dachte Tobbie. Vorsichtig robbte er rückwärts davon.

Tobbie verläßt der Mut

Das Wasser war herrlich frisch und gerade recht für ein Bad. Tobbie ließ sich von den Wellen tragen und paddelte hinaus zu den tiefen Prielen. In diesen Meeresgräben ließ es sich wunderbar herumtollen. Viele andere Robbenkinder planschten dort schon mit ihren Müttern herum. Voller Stolz stellte Tobbie fest, daß kein einziges allein hinausgeschwommen war. Nur er!

„Feiglinge!" schrie er den anderen zu. „Angsthasen!" Und er lachte, wenn eine Robbenmutter ihr Kind zum Tauchen zwischen die Vorderflossen nahm. Einmal aber brach eine grüne Welle so mächtig über Tobbie herein, daß er Purzelbäume im Wasser schlug. Da hatten die anderen Robbenkinder gut lachen.

„Wo ist denn deine Mutter?" fragte ein fremdes Seehundweibchen. „Die Flut steigt langsam an. Schwimm lieber zurück an Land."

„Die Flut?" Tobbie schaute sich neugierig um. „Was ist denn das?"

Das Meer sah blau und grün und silbrig aus wie immer. Es war so naß wie immer und so kühl wie immer. Alles war wie immer, sogar der Himmel.

„Wo ist sie denn, die Flut?" wollte Tobbie wissen. Doch als er sich nach der fremden Robbenmutter umwandte, war sie nicht mehr da.

Einen Augenblick erschrak der kleine Ausreißer. Aber schon trug ihn eine Welle hoch und mit sich davon, und alle Angst war wie fortgeflogen. Vergnügt begann Tobbie zu tauchen.

Muscheln sah er und die kringeligen
Häufchen der Wattwürmer. Algen
schwebten wie grüne Teppiche unter ihm.
   Plötzlich tauchte eine stattliche Robbe
neben ihm auf. Sie trug einen großen,
zappelnden Hering quer im Maul.
   „Wo hast du den her?" fragte Tobbie.
   Die große Robbe schnaufte. „So ein
Heuler, und will schon einen Hering

schnappen? Paß bloß auf, daß dich keiner erwischt."

„Mich?" Tobbie riß entsetzt die Augen auf.

„Und ob!" grinste die große Robbe. „Hat deine Mutter dir etwa nichts vom Riesenhaifisch erzählt, der freche kleine Ausreißer-Robben verspeist? Wenn er dich sieht, dann geht's dir genau wie dem hier!" Und damit verschlang die Robbe den blanken Hering auf einen Biß und verschwand.

Ihr Lachen hörte Tobbie nicht mehr. Er dachte nur an den riesigen Fisch mit dem großen Maul ... Da bekam Tobbie Angst. „Mama! Mama!" schrie er und begann, wild mit den Flossen zu rudern. Erst jetzt merkte er, wie weit er sich auf die offene See hinausgewagt hatte. Die Sandbank war gar nicht mehr zu sehen.

Schwimm, Tobbie, schwimm!

Tobbie wußte nicht, daß die Flut gekommen war. Er spürte nur, wie stark
die Wellen plötzlich waren. Immer öfter
rissen sie ihn unter Wasser. Tobbies
Angst wuchs. Laut tönten seine Hilfe-
schreie über das Meer.

Der kleine Seehund war so erschöpft,
daß er die Antwort zuerst kaum hörte.
Erst als das Bellen ganz in seiner Nähe
erklang, verstand er, was es bedeutete.
Jemand rief nach ihm. Ihr Geheimruf
war es. Die Mutter! Sie suchte nach ihm.

„Hier!" schrie Tobbie zurück. „Hier bin ich, Mama, hier!"

Wie froh war er, als sie Sekunden später neben ihm auftauchte! Sogar Robbie war dabei. Die Mutter schob ihn mit den Vorderflossen durch die Wellenkämme.

„Komm!" rief sie Tobbie zu und breitete ihre Flossenarme aus.

Glücklich schmiegte Tobbie sich an sie. Nie wieder würde er von ihr fortgehen, das nahm sich der Ausreißer in diesem Moment fest vor.

Doch da! Hatte da nicht Robbie geschrien? Was war passiert? Wo steckte er bloß? Aufgeregt blickte Tobbie sich nach seinem Bruder um.

Auch die Mutter schaute suchend um sich. Doch sie ahnte längst, was geschehen war.

Die Strömung der Nordsee hatte Robbie abgetrieben. Vorsichtig witternd nahm Mollie die Spur im Wasser auf, Tobbie zwischen ihren starken Vorderflossen.

Da! Fast gleichzeitig mit ihr entdeckte auch Tobbie seinen Zwillingsbruder. Gar nicht weit von ihnen weg trieb er zwischen den Wellentälern. Sein graues Fell fiel im rauhen Meer kaum auf. Aber er bewegte sich ja gar nicht!

Tobbie fühlte, wie die Mutter erschrak. Sie ließ ihn los und schnellte Robbie entgegen. Mit Krallen und Zähnen zerrte sie Robbie über Wasser zum Atmen an die Luft. Immer wieder stieß sie ihn aufmunternd mit der Nase an und rüttelte ihn am Genick.

Tobbie, der ein wenig Kraft geschöpft hatte, versuchte in ihrer Nähe zu bleiben.

Doch das unruhige Meer war stärker. Es zog den kleinen Seehund einfach mit sich. Ein paarmal gelang es der Mutter gerade noch, Tobbie zu schnappen, ehe ihn der Wellengang erfaßte und fortriß. Aber Robbie brauchte sie jetzt mehr.

Verzweifelt schwamm die Mutter zwischen ihren Kindern hin und her. Zerrte sie eines zu sich zurück, trieb die Strömung das andere ab. Hielt sie dieses fest, schrie wieder das erste um Hilfe.

Immer schwerer wurde ihr ums Herz. Sie spürte, daß das Meer ihr gleich eines der Kinder entreißen würde. Sie konnte nicht beide retten. Zwischen ihren Vorderflossen war einfach nur für eines Platz.

Als sich eine riesige Woge heranwälzte, wußte die Mutter, daß die Zeit gekommen war. „Schwimm, Tobbie!"

schrie sie. „Schwimm!" Dann war es
geschehen.

Tausend und brausend schlug die
Welle über dem kleinen Seehund
zusammen und spülte ihn mit sich.

Nur die Stimme seiner Mutter schien
immer wieder das Tosen zu durchdringen.
„Schwimm, Tobbie, schwimm!"

Und der kleine Seehund gehorchte.

Hunger tut weh

Irgendwann spürte Tobbie, daß die
Kraft des Wassers nachließ. Ein Wellen-
schlag warf ihn in etwas Weiches,
Warmes, Trockenes. Seehundgeruch lag
in der Luft.

„Mama!" dachte Tobbie im ersten
Moment froh. „Ich hab's geschafft! Ich
bin zu Hause!"

Doch da fehlte ein ganz bestimmter
Robbenduft. Und mit einem Mal fiel
Tobbie alles Geschehene wieder ein. Eine

Welle hatte ihn ja von der Mutter und von seinem Bruder getrennt. Er war allein, mutterseelenallein.

Unglücklich und zu Tode erschöpft, schloß der kleine Seehund die Augen.

Lange lag Tobbie still. Die Sonne trocknete sein Fell und wärmte ihn auf. Doch plötzlich sagte ihm ein Knurren in seinem Bauch, daß er Hunger hatte.

Eine Woche war Tobbie nun alt. An einem Sonntag Mitte Juni war er bei Ebbe auf der kleinen Sandbank geboren

worden. In den ersten beiden Tagen seines Lebens hatte die Mutter ihn und seinen Bruder Robbie Schwimmen und Tauchen gelehrt. Mit Lernen, Spielen, Schlafen und Milchsaugen war die Zeit vergangen.

Auf einmal aber war alles anders. Oder war gar nichts anders, und Tobbie hatte nur einen bösen Traum? Schlief die Mutter etwa noch irgendwo dort oben im Land, während Robbie, der kleine Vielfraß, sich schon wieder allein über die Milch hermachte, die eigentlich auch für Tobbie bestimmt war? Vor Hoffnung und Hunger begann der kleine Seehund zu heulen. Dicke Tränen kullerten ihm aus den Augen. Aber er robbte los.

„Mama?" Immer wieder schrie Tobbie ihren Namen. Doch sobald er einer Robbenmutter, die gerade ihr Kind säugte, zu nahe kam, reckte diese sich auf und knurrte den Fremdling an.

Tobbie erinnerte sich genau, daß seine eigene Mutter ihn gewarnt hatte, zu nah an fremde Robben heranzukrabbeln. „Jede von uns hat gerade genug Milch für ihre eigenen Kinder", hatte sie gesagt. „Darum jagen wir alle fremden Kinder fort. Also bleibt ihnen vom Leib!" Tobbie und Robbie hatten damals genickt. Sie waren satt gewesen und glücklich.

Aber jetzt war nichts mehr, wie es einmal war. Jetzt war Tobbie allein, und der Hunger schmerzte.

„Bitte", flehte der kleine Seehund, „bitte, laß mich trinken, nur einmal, nur ein Schlückchen!" Dabei rutschte er immer näher.

Schon wedelte die fremde Mutter mit

den Vorderflossen. Sogar das Baby
neben ihr zeigte die Zähnchen. Höchste
Alarmstufe also! Dennoch konnte Tobbie
jetzt nicht mehr aufgeben.

„Verschwinde!" brüllte das Robben-
weibchen.

Aber Tobbie war nicht mehr zu
bremsen.

„Jetzt ist es aber genug!" Mit einem
Satz stürzte die fremde Mutter vor,
und – peng! – hatte Tobbie eine Ohrfeige
weg.

Wie weh das tat! Tobbie starrte die
fremde Robbenmutter an. Wollte sie ihn
wirklich nicht? Gab sie ihm nicht einen
kleinen Rest Milch zu trinken? Erst als
die Vorderflosse zum zweiten Mal drohte,
verstand er. So schnell er konnte, robbte
er fort.

Ein Freund in der Not

Als der erste Klagelaut Silvers Ohren erreichte, blinzelte die Möwe nur und schüttelte mißmutig ihre Flügel. Doch es schluchzte und bellte und jaulte und heulte immer lauter.

„Kann man denn in diesem Meer nirgendwo mehr in Ruhe sein Nickerchen halten?" kreischte Silver zornig und flog suchend aus dem Meer auf. Kaum erblickte sie jedoch das grauge-

sprenkelte Robbenkind im Sand, war ihr
Ärger verraucht. Mitleidig segelte sie näher.

"Was tust du denn hier so allein?"
fragte sie.

Zwei dunkle Augen starrten sie angst-
voll an. Dicke Tränen kullerten an
dem schwarzen Näschen vorbei in die
gesträubten Barthaare. Die Zähne zeigen
und knurren konnte der kleine Kerl
aber trotzdem.

"Flieg weg!" bellte er. "Wehe, du hackst

mich mit deinem Schnabel! Ich beiße! Verschwinde, hast du gehört!"

Silver, die Möwe, flatterte nur kurz auf und ließ sich ein paar Zentimeter weiter erneut nieder. Sie kannte sich gut mit Seehunden aus.

Vor zwei Jahren war sie von einem Menschen gefangen worden, weil ihr Gefieder total ölverschmiert gewesen war. Dieser Mensch hatte sie in eine Seehund-aufzuchtstation mitgenommen. Dort hatte er sorgsam ihre Federn gesäubert und

sie so lange aufgepäppelt, bis sie kein Öl
mehr im Magen gehabt hatte und wieder
ganz gesund war. Seehunde waren damals
ihre einzigen Kameraden gewesen. Als
Silver Angst hatte, Fisch aus der Hand
des Menschen anzunehmen, hatten sie
ihr Mut gemacht. Echte Freunde waren
sie geworden.

Dieser kleine Seehund hier würde auch
ohne Mutter durchkommen. Einer, der
so die Zähne zeigen konnte, war stark,
ganz egal, wie dürr er auch aussah.

„Ki – äh!" kreischte Silver, als der Knirps tatsächlich auf sie losspringen wollte. „Da kriege ich ja Angst!"

„Sollst du auch!" knurrte der kleine Seehund. „Ich bin nämlich stark. Ich fresse dich, wenn du mich hacken willst. Versuch es ja nicht, ich warne dich!"

Die Möwe unterdrückte ein Lachen. Sie war nämlich eine Lachmöwe. Und außerdem hatte sie noch nie nach verlassenen Seehundbabys mit dem Schnabel gehackt.

„Also gut", krächzte sie und tat, als hätten ihr die spitzen Zähne tüchtig Respekt eingejagt. „Du beißt mich nicht, und ich hacke dich nicht. Aber nur, wenn du mir verrätst, warum du so geheult hast."

Da war es mit der Tapferkeit des kleinen Seehunds vorbei. Neue Tränen

füllten seine Augen. „Meine Mama ist weg!"

Die Möwe räusperte sich. „Na und?" fragte sie und versuchte, streng zu klingen. „Mußt du deswegen so übers Meer brüllen?"

Der kleine Seehund verzog schon wieder weinerlich die Schnauze. „Aber ich hab' doch solchen Hunger!"

„Ach, du grüner Hering!" krächzte Silver, die Möwe, denn daß Hunger weh tun kann, hatte sie schon oft selbst gefühlt. „Hunger, ja dann! Und du kannst dir nichts fangen?"

Der kleine Seehund blinzelte. „Fangen? Was denn?"

Schweigend trippelte Silver um ihn herum und ordnete erst einmal ihr Gefieder. Da hatte sie sich ja etwas Schönes eingebrockt. Ein Heuler, der noch nicht einmal selbst Fisch fangen konnte! Warum nur mußte sie ihren Schnabel auch immer wieder in fremde Angelegenheiten stecken? Endlich atmete sie tief durch.

„Dann werde ich dir eben einen Happen zu essen besorgen", sagte sie. „Aber daß du mir ja nicht wieder losheulst, wenn ich verschwinde, Freundchen. Verstanden?"

Sicherheitshalber drehte sie noch einmal zwei Abschiedsrunden über ihrem

Findelkind. Dann schoß sie pfeilschnell davon.

Tobbie blieb regungslos liegen. Er war hungrig und matt. Er konnte nicht mehr besonders mutig sein. Ganz fest schloß er die Augen. Mit geschlossenen Lidern schien die Welt schön klein. Niemand hatte dann darin Platz, nur er allein. Das war gut.

Der erste Fisch

„Schläfst du?" fragte Silver.

Der kleine Seehund richtete sich erschrocken auf.

„Er wird sterben, wenn er nichts frißt", dachte Silver. „Er ist zu mager. Lange hält das bißchen Speck auf seinen Rippen nicht vor. Na, wenigstens ist er schlau und weiß, wozu er Zähne hat."

Mit dem Schnabel deutete sie auf einen frischen Fisch im Sand. „Ich hab' dir etwas mitgebracht."

Der kleine Seehund schnupperte.

„Fisch?" Vor Enttäuschung wurde seine Stimme zittrig. „Keine Milch?"

„Milch?" Silver kreischte auf. „Ein Seehund frißt Fisch. Noch nie davon gehört?"

Der kleine Seehund gab keine Antwort. Natürlich wußte Tobbie das. Seine Mutter hatte immer Fisch gefressen. „Große tun das!" hatte sie gesagt. Ob er selbst jetzt auch groß war? Der kleine Seehund zögerte.

„Bist du sicher, daß mir dieser Fisch schmeckt?" fragte er und sah die Möwe an.

„Auch noch wählerisch!" schalt diese. „Da weiß ich nicht einmal, wie du heißt, und schon stellst du Ansprüche!"

Der kleine Seehund ließ vor Verwunderung den Fisch wieder fallen.

„Wieso weißt du denn nicht, wie ich heiße? Ich weiß doch auch, wer du bist."

„Lo?" Jetzt staunte die Möwe.

„Du bist Silver." Der kleine Seehund nickte und verzog das Maul, weil ihn die Fischschuppen gekratzt hatten. „Meine Mama sagt, keine Möwe fliegt schöner als du."

„Sagt sie das? Lo, so!" murmelte die Möwe und zog verlegen eine Feder durch ihren Schnabel.

„Du kennst sie doch", fuhr der kleine Seehund fort. „Du weißt doch, die Seehundmutter mit den Zwillingen, die von der Sandbank beim Bootswrack."

„Die? Ach ja, richtig!" rief die Möwe

und sah den kleinen Seehund scharf an. „Dann bist du wohl der dünnere Zwilling, der unbedingt allein baden gehen mußte?"

„Genau", sagte der kleine Seehund. „Und jetzt ist meine Mama weg."

„Aber dafür bin ich da", rief Silver, die Möwe, schnell, ehe der kleine Seehund zu heulen beginnen würde. „Und wie du nun heißt, weiß ich trotzdem noch nicht."

„Tobbie!" sagte der kleine Seehund und schluckte tapfer an seinen Tränen.

Silver blinzelte. „Ich glaube, du bist

ein netter Bursche", meinte sie. „Wenn du gerade mal nicht heulst."

„Du bist auch nett", gab Tobbie zurück. „Wenn du gerade mal nicht meckerst."

Und dann biß er zum ersten Mal im Leben in einen Fisch.

Tobbie traut sich wieder

Zwei Tage vergingen. Silver lehrte Tobbie, Muscheln zu knacken und bei Niedrigwasser kleine Krebse oder Fische zu fangen.

Tobbie war geschickt, und hungern mußte er schon bald nicht mehr.

Trotzdem war die Möwe mit ihm unzufrieden.

„Was bist du eigentlich, ein Schlickrutscher oder ein Seehund?" fragte sie oft. „Willst du im Land vertrocknen, oder warum schwimmst du nicht wieder?"

„Das kommt schon noch!" sagte Tobbie jedesmal.

Aber in Wirklichkeit hatte er Angst. Nach seinem schrecklichen Erlebnis schien ihm das Meer wilder und unheimlicher als früher.

Nervös stelzte die Möwe im Sand auf und ab. Schließlich blieb sie vor Tobbie stehen.

„Du mußt den Mut aufbringen", sagte Silver. „Überhaupt mußt du noch vieles zum Überleben lernen. Ich muß eine Herde für dich suchen."

„Und was ist, wenn ich Hunger kriege, während du weg bist?" rief Tobbie.

„Fängt das schon wieder an!" krächzte Silver zurück und flog los.

Die Wartezeit wurde Tobbie lang. Ungeduldig hielt er nach Silver Ausschau. Um weiter sehen zu können, stützte sich Tobbie so hoch wie nie zuvor auf die Vorderflossen und – platsch!

Da lag er im Wasser. Erschrocken schlug Tobbie mit den Flossen um sich. Es spritzte und schäumte. Und dann war auf einmal alle Angst wie weggeblasen. Schwimmen war einfach herrlich!

Jeder kleine Seehund wird einmal groß

Tobbie verstand selbst nicht mehr, wie er
es so lange auf dem Trockenen aus-
gehalten hatte. Hatte er wirklich einmal
Angst vor dem Meer gehabt, in dem er
doch zu Hause war?

Jetzt holte der kleine Seehund alles
nach, was er versäumt hatte. Unermüdlich
tauchte und sprang er in den Wellen.
Nur wenn eine der vielen Möwen in

den Wolken schrie, reckte er sich auf
und hielt Ausschau nach Silver.

Doch alles, was er entdeckte, war ein
schwarzer Punkt am Horizont, der
langsam näher kam. Dabei brummte
und dröhnte es. Tobbie schnupperte.
Einen Geruch brachte das Ding mit sich,
daß einem übel davon werden konnte.

Neugierig beobachtete Tobbie die
stinkende Knatterkiste. Die fuhr gerade-
wegs auf Tobbie zu.

„Gefahr!" blitzte es plötzlich durch
Tobbies Gedanken. Er wußte selbst nicht,
warum. Aber er tauchte sofort unter.

Donnernd brauste das schwarze
Ding über den kleinen Seehund hinweg.
Eine blitzende Schraube hing hinten
ins Meer hinunter. Sie zerfurchte das
Wasser. Sie wühlte es auf, daß es brodelte
und schäumte.

Wirbel rissen Tobbie herum. Wo war oben? Wo war unten? Er schlug um sich. Es flimmerte vor seinen Augen. Es hämmerte in seinen Ohren. Dann war der Strudel plötzlich vorbei. Das furchtbare schwarze Ding raste vorüber.

„Luft!" dachte Tobbie. „Nur Luft!" Er hustete, weil er nicht schnell genug einatmen konnte.

„Mußt du eigentlich immer so über-
treiben?" krächzte es in diesem Moment
an Tobbies Ohr. Silver! Der um Tobbie
ausgestandene Schrecken stand noch in
ihren Augen.

Tobbie freute sich, daß Silver endlich
wieder da war.

„Ich hab's geschafft!" jubelte er. „Ich
kann wieder schwimmen! Hast du mich
gesehen? Wie war ich, Silver?"

Die Möwe mußte lachen. „Da fragst
du noch? Aber komm jetzt!" sagte sie.
„Ich habe eine Familie für dich gefunden.

Gar nicht weit weg von hier auf einer anderen Sandbank. Die Seehunde werden staunen, wie gut du schwimmen kannst."

„Ach", sagte Tobbie und tauchte unter Silver hindurch, so daß sie auf seinem Nacken reiten konnte, „nicht mehr nötig. Meine Familie bist du."

Und dann zischte er mit ihr davon, daß das Wasser nur so spritzte.

Die Autorin

Schon mit acht Jahren veröffentlichte Karin Jäckel erste Beiträge in der Zeitung. Doch erst 1975 – nach der Promotion – begann sie, regelmäßig für Zeitungen und Zeitschriften zu arbeiten. Seit 1981 schreibt sie Kinderbücher, Jugendromane und sozialkritische Sachbücher; daneben ist sie als Drehbuchautorin und Regisseurin fürs Fernsehen tätig.
Eigentlich überall zu Hause, lebt die 1948 in Rerik an der Ostsee geborene Autorin heute mit ihrem Mann und ihren drei Söhnen im Schwarzwald.

Die Illustratorin

Angela Weinhold, geboren 1955 in Geesthacht / Schleswig-Holstein, begann nach dem Abitur ein Grafik-Design-Studium an der ehemaligen Folkwang-Hochschule in Essen. Seit 1980 arbeitet sie freiberuflich als Illustratorin für Schul- und Jugendbuchverlage. Angela Weinhold lebt in Essen.

Leselöwen-Schreibschriftbände